**Género** Fábula

**Pregunta esencial**

**¿Qué nos pueden enseñar las historias de animales?**



# Un monito muy inteligente

Virginia Segret Mouro
ilustrado por Cristian Mallea

**LECTURA COMPLEMENTARIA**

Un leopardo buscaba comida.

Nada por aquí... Nada
por allá...

¡El leopardo tenía hambre!

Un mono pensó:

"¡Este leopardo me
quiere comer!".

Entonces huyó de inmediato.

El leopardo perseguía al mono.

—¡Te atraparé! —rugía
el leopardo.

Pero el monito tenía un plan.

—¡Juguemos a cazar! —decía el leopardo.

—¡Juguemos una carrera! —gritaba el mono mientras trepaba por una rama.

El mono corría entre los árboles.

El leopardo ya estaba fatigado.

Había corrido mucho. Tenía calor, hambre y sed.

¡Y no podía atrapar al mono!

**AHORA COMPRUEBA**

¿Por qué el leopardo estaba fatigado?

El monito se reía.

—¡Alcánzame! —gritaba.

¡El leopardo ya no tenía
más fuerzas!

| Detective del lenguaje | ¿Hay sustantivos masculinos en esta página? ¿Cuántos has encontrado? |
|---|---|

El mono saltó al suelo.

El leopardo lo vio. Rugió, miró y dijo:

—¡Ahora sí te comeré!

Muy cerca había unas hormigas. Caminaban en hilera.

El monito pensó:

"Lo llevaré al hormiguero".

**Detective del lenguaje**

¿El sustantivo hormigas es masculino? ¿Y hormiguero es masculino?

—¡Me atacan las hormigas!

—¿Temes a las hormigas? —reía el mono.

—¡No les temo! —decía el leopardo mientras huía.

El mono dijo:

—¡Eres un leopardo muy miedoso!

**AHORA COMPRUEBA**

¿Por qué el mono le dice al leopardo que es miedoso?

El leopardo estaba muy cansado. ¡Se había trasladado de aquí para allá!

El mono dijo:

—Adiós, terrible fiera.

El mono descubrió una banana.

"¡Recolectaré bananas para mi familia!", pensó.

Y así lo hizo.

Ya tenía suficiente cantidad.

—¡Es hora de volver a casa!
—dijo el monito.

Y se fue llevando muchas bananas.

—¿Dónde has estado?
—preguntó papá mono.

El monito contó su aventura.

Después, todos se sentaron y comieron las bananas.

Mamá mona dijo:

—¡Ese leopardo aprendió
la lección!

**Moraleja:** Todo se resuelve con un buen plan.

**AHORA COMPRUEBA**

¿Qué comió el monito con su familia?

# Respuesta a la lectura

## Resumir

Usa detalles importantes para resumir el cuento.

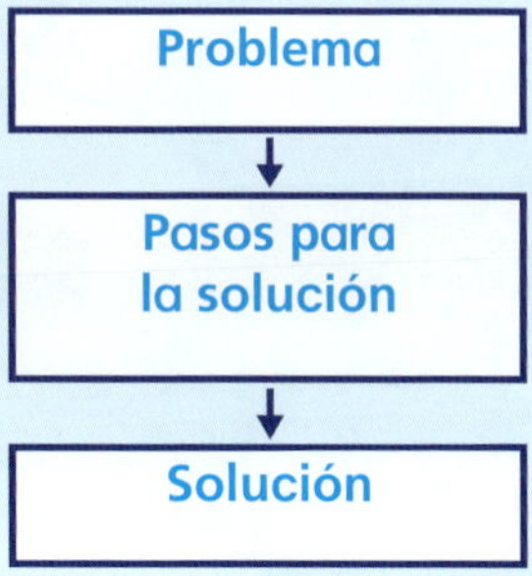


## Evidencia en el texto

1. ¿Cómo sabes que este cuento es una fábula? **Género**
2. ¿Qué problema tiene el monito? **Problema y solución**
3. ¿Qué significa *monito,* en la página 7? Mira el sufijo. **Sufijos**
4. ¿Cómo resuelve el monito su problema? **Escribir sobre la lectura**

**Género** Texto expositivo

## Compara los textos

Lee sobre las fábulas de la selva.

# Fábulas de la selva

Esopo era un escritor griego. Vivió hace muchos siglos. Esopo escribía fábulas.

Las fábulas enseñan una lección. Esa lección se llama "moraleja". Las fábulas suelen tener animales.

Illustration: María Paula Dufour

Muchas versiones de las fábulas
se desarrollan
en la selva.

Allí los animales luchan para
sobrevivir. Llevan una vida dura.

Estos animales aprenden
una lección.

Esopo escribió “El león y el jabalí”.

En esta fábula, dos animales luchan. Sin embargo, luego deben unirse para sobrevivir.

## ¿? Haz conexiones

¿Qué nos pueden enseñar los animales de la selva? **Pregunta esencial**

¿Qué lección aprenden los animales de la selva en *Un monito muy inteligente*? **El texto y otros textos**

Illustrations: Maria Paula Dufour

Enfoque:

# Elementos literarios

**Diálogo** El diálogo es lo que dicen los personajes en un cuento.

**Lee y descubre** Busca el guión largo mientras lees. Los guiones largos muestran dónde comienza y termina el diálogo. Por ejemplo: *—¿Dónde has estado? —preguntó papá mono.*

## Tu turno

Escribe tres oraciones de diálogo para un cuento de animales. Usa guiones largos para indicar lo que dice cada uno de los personajes.